EXTRA

Loi numéro 49956 du 16 juillet 1949 sur les publications
destinées à la jeunesse : juin 2022
Dépôt légal : juin 2022
Imprimé en France par Pollina à Luçon
ISBN 978-2-211-30528-0

Michaël Escoffier · Roland Garrigue

EXTRA

l'école des loisirs
11, rue de Sèvres, Paris 6e

Tout a commencé par un jeu-concours
au dos d'une boîte de céréales.

Il s’agissait de dessiner la planète Gluk et
ses habitants tels qu’on se les imaginait.

En plus de gagner son poids en boîtes de céréales…

… le meilleur dessinateur ou la meilleure dessinatrice
remportait le droit de monter à bord du vaisseau
Gluk repêché l'an dernier en pleine mer.

Depuis cette fascinante découverte, les scientifiques du monde entier avaient tenté de communiquer avec les Gluks et de localiser leur planète. Mais personne ne savait vraiment à quoi ils ressemblaient.

Alors, le matin où j'ai reçu une lettre m'indiquant que j'étais la grande gagnante du concours, vous pensez bien que j'ai sauté de joie! En plus, c'était la première fois que je gagnais quelque chose.

En arrivant à l'adresse indiquée, j'ai d'abord cru m'être trompée. Je me trouvais devant un vieux hangar poussiéreux, au fin fond d'une zone industrielle fantôme. J'ai poussé timidement la porte, et là…

Une nuée de flashs m'attendait pour immortaliser l'instant. Derrière le mur de photographes, j'apercevais le vaisseau qui semblait tout droit sorti d'un film de science-fiction. Après le discours du président de la marque de céréales, j'ai enfin pu y accéder.

Rien de ce qui suit ne serait arrivé si je n'avais pas eu cette envie pressante. C'est en croyant éclairer les toilettes que j'ai déclenché l'allumage du réacteur.

Le temps que je comprenne ce qui se passait, il était déjà trop tard. Le vaisseau avait décollé, et moi j'étais coincée à l'intérieur.

J'ai bien essayé de prendre les commandes, mais impossible de déchiffrer les symboles du tableau de bord. Le vaisseau a commencé par monter à la verticale, défonçant le toit du hangar au passage, puis, une fois dans l'espace, il a filé à toute vitesse. On aurait dit qu'il était guidé à distance.

J'ignore combien de temps a duré le voyage,
je crois que je me suis assoupie un moment.
À mon réveil, une grosse planète jaune
a fait son apparition derrière le hublot.

Le vaisseau s'est posé en douceur, et c'est
seulement quand la porte s'est ouverte
que j'ai compris où j'étais.

La chef des Gluks en personne
était venue m'accueillir.

Autour d'elle, une foule incroyable s'était rassemblée pour me souhaiter la bienvenue. Il y en avait de toutes sortes : des petits poilus, des grands avec des tentacules, d'autres avec des yeux partout… un vrai carnaval !

J'ai dû me mettre à courir pour leur échapper, car ils voulaient tous me prendre en photo avec leur drôle d'appareil. Il faut les comprendre, c'était sûrement la première fois qu'ils voyaient une Terrienne.

Certains Gluks plus joueurs que les autres ont tenté de m'initier à leur jeu préféré. Ça ressemble un peu aux fléchettes, sauf que la cible a le droit de se déplacer.

Ensuite, ils ont insisté pour m'offrir un tour de manège.
Ça avait l'air de leur faire tellement plaisir, je n'ai pas osé refuser.

J'avais un peu l'impression d'être une star. Où que j'aille, impossible d'être tranquille. J'étais aussitôt repérée et poursuivie par une horde de fans, tous plus hystériques les uns que les autres. Jusqu'à ce que je me fâche…

– Ça suffit, maintenant ! Trop, c'est trop ! Vos attentions me touchent, mais enfin, vous ne voyez pas qu'on est tous pareils ? Je ne suis différente de vous qu'en apparence. D'accord, nous ne parlons pas la même langue, mais, comme vous, j'ai un cœur, je suis une créature sensible, et si vous continuez à… à…

Je n'ai pas eu le temps de finir ma phrase
que déjà ils disparaissaient. Je pense
qu'ils avaient compris la leçon.

Comme la Terre me manquait, je suis retournée
au vaisseau et j'ai enclenché la mise à feu.
Ça m'a fait quelque chose de quitter cette planète
si accueillante et si hospitalière. Mais, vous savez,
contrairement à ce que j'imaginais au départ…

… les extraterrestres n'ont vraiment rien d'extraordinaire !